Sujeito à inovação: da era virtual à uma nova mente
Caio Cesar Gomes
Psicólogo

SUJEITO À INOVAÇÃO:

Edição: 1ª

Santa Maria/RS

Editor: Caio Cesar Piffero Gomes

Publicação: 2019

Gomes, Caio Cesar.

Sujeito à inovação: da era virtual à uma nova mente. Amzon.com. 1ª ed. Santa Maria-RS: 2019. 60p.

ISBN 9781704684789

Um livro para psicoterapeutas deste tempo

Séculos XXI e XXII.

A proposta deste livro é provocar um repensar da prática clínica psicológica. Esta publicação é a primeira de uma tetralogia.

Todas publicações consideram a influência da evolução tecnológica, principalmente as relacionadas à realidade virtual, como principal influência na constituição dos processos mentais. A constituição psicológica das pessoas está se modificando em uma velocidade maior do que estão surgindo novos recurso psicoterapêuticos.

As demandas dos clientes psicoterapêutico são diferentes daquelas que embasaram o desenvolvimento de técnicas psicoterápicas, que ainda são utilizadas. Novos procedimentos psicoterapêuticos são necessários, para responder aos atuais transtornos psicológicos.

A evolução tecnológica impulsiona a transformação dos instrumentos de trabalho e como já se conhece, histórica e antropologicamente, esta transforma os hábitos, os comportamentos, os valores, as noções morais, que resultam na maneira como as pessoas se constituem psicologicamente e como se comportam enquanto humanidade.

As práticas psicoterápicas lidam com esses fenômenos, sendo que as demandas conflitivas são contemporâneas. Embora, as alterações psicológicas ainda se fundamentam no histórico das pessoas, salvo alguma exceção, ninguém sofre de transtornos psicológicos de uma época histórica, na qual não se esteja inserido.

Este primeiro livro: sujeito à inovação; o segundo: inovações e o medo no mundo globalizado; psicoterapia do lugar social e finalizando com uma proposta de clínica psicológica para o século XXI.

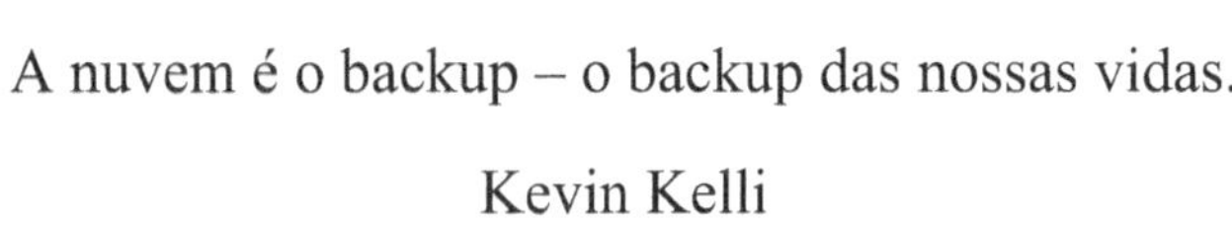

A nuvem é o backup – o backup das nossas vidas.

Kevin Kelli

SUMÁRIO

INTRODUÇÃO

A época que a humanidade vive é de fazer inveja às gerações de seus ancestrais, assim como deverá causar às futuras gerações os mesmos sentimentos, ao constatarem as peculiaridades sociais transformadoras que ela experimenta. É dessa forma que Kelly (2017), se refere à evolução tecnológica atual. O ser humano nunca foi tão surpreendido frente a uma realidade que ele mesmo se impõe, na qual a velocidade com que as transformações, tanto sociais como tecnológicas estão acontecendo, constantemente e exponencialmente. Tais inovações têm sido consideradas como sendo as condições responsáveis pelas aceleradas transformações sociais assim como, tornam-se mais complexas e precisas em suas finalidades, ao ponto de se fazerem indispensáveis para a sobrevivência humana.

Simultaneamente à evolução tecnológica, tem-se constatado um sujeito um tanto quanto deslocado no contexto social, transfigurado e manifestando certa apreensão e perplexidade em suas tentativas de se adaptar aos acontecimentos e desafios, que o contornam em todas as áreas de convívio humano. Constrangido e ao mesmo tempo surpreso e interessado em fazer uso das novas ferramentas, que lhe estão sendo disponibilizadas, reconhece que não há em sua constituição psicológica, representações mentais capazes de lhe dar suporte para lidar com tantas novidades e quando elas existem são precárias.

Diferentemente de gerações passadas, quando, por mais anacrônicas que fossem as representações adquiridas durante o início da constituição psicológica, o sujeito tinha tempo e pouco, embora muito, a ser atualizado, para reprogramar suas matrizes constitutivas e comportamentos, o que o tornava capaz, para superar os impasses adaptativos relativos às inovações, considerando os mais diversos, que ocorrem no período de tempo entre uma geração e outra.

Na atualidade, o que tem sido constatado é que a distância cronológica entre as representações adquiridas, entre as fases prematuras do desenvolvimento humano e a adulta, embora em termos de tempo seja a mesma duração, tem gerado um *quantum* mais abrangente de desatualização.

Para atualizar as representações e equalizar as funções adaptativas, também, requer mais esforço. As queixas sobre o estresse, que as pessoas costumam relatar, assim como a sobrecarga de trabalho, principalmente, que grande maioria ressalta, são indicativos que reforçam o entendimento do tamanho do anacronismo a que se está referindo. Revelam que diferentes subsídios estão participando da constituição psicológica e, como consequência, aos poucos, podem levar ao surgimento de outro sujeito. Este, somente poderá ser notado com o passar do tempo, se assim estiver acontecendo, quando for possível olhar para trás e perceber as diferenças nas formas de pensar, de sentir e de se comportar, dentre outras possíveis transformações, do sujeito conhecido hoje. Assim como se pode olhar para trás, num viés antropológico e constatar o quanto o sujeito de hoje é diferente do sujeito neandertal, por exemplo.

A construção do conhecimento também passa a ser reavaliada, pois o sujeito deve estar sendo atingido, além da sua constituição, mas também na construção planetária do conhecimento.

Até o momento, o conhecimento tem sido construído olhando para trás, para embasar as novas construções, de forma como a conhecida metáfora de Chartres *apud* Brown (2008) quando se refere, de que a cada etapa que se avança é como se fosse um anão, representando os novos conhecimentos, que sobe aos ombros de um gigante, que vem a ser o conhecimento já construído pela humanidade e, dessa forma, o anão enxerga mais longe do que o gigante.

Contrapondo a esse modelo, podemos imaginar que o conhecimento, construído nesta modalidade, pode estar sendo superado e que este modelo de construção, em um breve período de tempo, não mais seja eficaz, devendo ser abandonado. Substituído pela inversão do pêndulo do conhecimento, quer dizer, em substituição ao olhar para trás, para embasar novos conhecimentos, cada vez menos esse caminho seria realizado. O olhar para embasar novos conhecimentos, seria sustentado nas demandas existentes, alocadas nas perspectivas futuras.

Tal inversão, hoje uma ficção, passaria a existir caso os desafios da humanidade, a serem superados, se tornem inéditos, mas tão inéditos, que fazendo uso da modalidade tradicional, os esforços em as compreender, olhando para o passado, não seriam encontrados referenciais, para encaminhar possíveis respostas, capazes de responder as supostas demandas. Isso não quer dizer que não se deva prezar o conhecimento passado, mas sim cogitar a possibilidade do seu esgotamento e a ausência de utilidade, para corresponder aos desafios, existentes em um futuro, talvez não tão longínquo.

Reações descompassadas, neste sentido, são mais notadas nas gerações atuais de meia idade e na velhice. Nos jovens, pois mesmo que haja um descompasso entre o que trazem em suas representações – suas matrizes constitucionais – e os desafios que se deparam na sociedade, tem-se manifestado de modo menos intensas, embora muitos apresentem ansiedades e fobias, aparentemente inexplicáveis, assim como diferentes comportamentos, como isolacionismos e automutilações, sugerindo que também neles há sofrimento em suas experiências de vida, de origem psicossocial.

Se a inversão dos referenciais do conhecimento está, de fato, a acontecer, decorrentes das inovações tecnológicas e de todas as aceleradas problematizações sociais decorrentes, leva a pensar: que tipo de sujeitos estariam surgindo? E, se os sujeitos estão de fato se transfigurando, por estes motivos, como os psicólogos estão sendo preparados para escutar as angústias e para auxiliar na superação das desadaptações desses sujeitos, alocados em um contexto estranho? A formação do psicólogo, neste caso, é exigida a responder a um suposto outro sujeito e sendo assim, quais disciplinas abordariam essa temática e até que ponto, essa possibilidade está sendo considerada?

As constatações sobre as transformações do sujeito advêm da escuta clínica e amparo teórico bibliográfico, assim como de explanações realizadas por meio da mídia, de diversos canais de veiculação, que de certa forma são os porta-vozes dos movimentos sociais.

Questões que levaram a desenvolver investigações no sentido de melhor entender como as transformações psicológicas constitucionais do sujeito estão acontecendo e se estas são possíveis de serem constatadas. A partir desses questionamentos, surgiu o objetivo deste estudo que vem a ser o de *melhor compreender as transformações na constituição psicológica no sujeito contemporâneo, decorrentes das inovações tecnológicas.*

SUJEITO À INOVAÇÃO

Olhar para trás revela quanto o contexto social se modificou em breves décadas, a ponto de se tornar, praticamente, em um precário hospedeiro da sobrevivência social, das pessoas de meia idade ou com idade um pouco mais elevada. Mesmo aquelas com formação superior, quando se deparam com ferramentas do trabalho ou mesmo as utilizadas no seu dia a dia, como um *app* (software desenvolvido para ser instalado em um dispositivo eletrônico móvel, como em um telefone celular, um smartphone ou um leitor de MP3), um banco de dados digital, um *smartphone*, ou até mesmo uma *smart* TV, estranham lidar com estes aparelhos caso não recebam uma capacitação apropriada, formal ou informal, para ter êxito em tal finalidade.

Ressaltar que quase tudo está transfigurado se tornou repetitivo, no entanto, tudo está transfigurado, desde a maneira de fazer compras, a maneira de se alimentar, como a utilização de instrumentos de lazer, estéticos, enfim, quase todas as tecnologias atuais não existiam há bem pouco tempo e nem eram tão disponibilizadas como são hoje. Em um breve instante no tempo as alavancas ou grande parte delas, deram lugar às janelas *touchs* que, com suaves toques em tela vitrificadas se tornaram capazes de locomover imensos pesos e de provocar os mais inimagináveis resultados em qualquer âmbito.

"Deem-me um ponto de apoio e moverei a terra" expressou Arquimedes, aproximadamente há 200 anos a.C. Hoje é bem provável que ele diria: "deem-me um ponto de conexão à internet e mudarei o mundo".

As impressoras 3d são exemplos marcantes de como a realidade presencial pode ser alcançada em diferentes lugares do mundo em uma fração de segundos e em mais de um lugar ao mesmo tempo. São construídas e programadas para gerar uma réplica perfeita do que se pretende ter em mãos, assim como reproduzirão alimentações, remédios e uma infinidade de outros produtos. Esses são exemplos simples, que compõem uma realidade profundamente modificada e em processo acelerado de transformação. Alterada pelo conhecimento apresentado em forma de instrumentos muito inovadores. Nas palavras de Kelly (2017, p. 9) "estamos nos distanciando do mundo dos substantivos fixos na medida em que nos avizinhamos do mundo dos verbos fluidos. " No "mundo digital intangível, nada é estático ou fixo. Tudo está em processo de vir a ser.", No entanto, ele salienta que nossa "maior invenção nos últimos 200 anos não foi um dispositivo ou uma ferramenta em particular, mas a criação do próprio processo científico" (p. 8).

Olhando para frente é possível vislumbrar quanto o desenvolvimento da ciência, por mais que hoje sejamos surpreendidos com as suas inovações, tornar-se-á indispensável à humanidade. Basta considerar a quantidade de alimentação necessária para nutrir os mais de 7 bilhões de seres humanos que habitam a face terrestre; a produção de medicamentos, hoje utilizados – antibióticos e vacinas – desde o nascimento, como maneira de garantir a sobrevivência dos recém-nascidos e por toda a vida. Impossível viver sem as inovações tecnológicas, mesmo que por enquanto elas tanto contribuam para a sobrevivência como desgastam e depredam os recursos planetários. A tecnologia, continuando a citar Kelly, é o acelerador da humanidade.

Por causa dela, tudo o que fazemos está sempre em processo de transformação. Cada tipo de coisa está se tornando algo diferente, percorrendo o caminho entre o "poderia ser" e o "é", ou seja, entre a possibilidade e o fato. Tudo está em fluxo. Nada está concluído. Nada está feito. Essa mudança sem fim constitui o eixo central do mundo moderno contemporâneo (p. 8).

São infinitos e incalculáveis os alcances proporcionados pelas inovações. As pessoas vivem a tecnologia no seu dia a dia, como as organizações de trabalho, as educacionais e as demais, fazem uso dela sem restrição alguma. As inovações, além de serem desejadas são bem-vindas às pessoas, pois elas facilitam a vida em sociedade, que necessita das suas eficiências e resolutividades. Cada vez mais os maquinários são movidos por acessórios sofisticados e informatizados. O número de *Apps* disponíveis chega a ser assustador e está crescendo exponencialmente, promovendo o acesso a muitos serviços e ao comércio de produtos, seja para compra, venda, produção industrial, saúde, educação, enfim, para quase tudo o que pode ser utilizado ou vir a ser consumido.

Não tem mais como pensar em um estilo de vida sem os aparelhos eletrônicos informatizados e, é bem provável que a espécie humana corra riscos em sobreviver, em caso de a web (nome pelo qual a rede mundial de computadores *internet* se tornou conhecida a partir de 1991), ser, acidentalmente ou mesmo propositadamente, desativada por um breve período de tempo ou indefinidamente. Paradoxalmente, a virtualidade se tornou uma realidade tão concreta como é o fato de estar lendo este texto. Muitas pessoas, no entanto, pelo menos nas faixas etárias acima referidas, parecem não estar preparadas para se beneficiarem pelo uso do que elas ofertam.

De certa forma os que já nascem inseridos na realidade virtual (os *natidigitais*), tendem a conviver e a usufruir dela de maneira natural, assim como reagiram os que nasceram na era do surgimento do rádio, da televisão e/ou das máquinas a vapor. Eram instrumentos que já estavam disponibilizados aos que nasceram em suas respectivas épocas. Representava uma revolução tecnológica poder assistir ou ouvir em casa produções que somente tinham acesso ao vivo, porém para aqueles que foram surpreendidos pelas atuais tecnologias, ainda as estranham, embora a maioria não as rejeite, ao contrário, é adepta a elas.

É certo, no entanto, que a função adaptativa do ser humano tem sido exigida de maneira bem acentuada, para torná-lo apto a se integrar às densas e amplas transfigurações do contexto social. Se uma pessoa nascida há sete décadas, em torno dos anos de 1960, para não voltar muito no tempo, fosse colocada em frente a uma janela de um notebook, ou se ela fosse provocada para trabalhar em uma tela *touch* (de toques) ou fazer uso de celulares, considerando o uso das suas diversas funções, sem uma preparação prévia, como ela reagiria, hoje, com seus 50 e tantos anos de vida e sem referencial em sua história de fazer usos destes instrumentos? Certamente, tenderia a ficar confusa e sem compreender como e porque utilizar tais aparelhos, até que fosse preparada para tal, porém dependendo das suas habilidades cognitivas, emocionais e disposição para apreender, poderia até nem se envolver com elas, devido à lacuna de informação entre o que conhece e o que lhe estaria sendo ofertado. A distância entre o conhecimento que possui e o que seria necessário saber, para operar tais instrumentos, pode ter se tornado muito ampla. É surpreendente, constatar que isso tudo aconteceu em pouco tempo – e ainda está a acontecer.

Indo um pouco mais longe sobre os alcances das tecnologias inovadoras, pode-se salientar o processo educativo que tem avançado em modalidade de ensino à distância (EAD), facilitando o acesso a milhares de pessoas, que sem sair de casa, hoje têm acesso à educação. Junto ao EAD estão os livros digitais, que barateiam custos e favorecem a sua utilização, contribuindo para o uso sustentável dos recursos educacionais, além de serem de fácil edição e de atualização dos seus conteúdos, adequados à volatilidade das transformações atuais.

Kelly (2017, p. 88) é enfático em afirmar que se está "à beira de explorar todas as maneiras de fazer coisas com base na mudança incessante em novos processos multiformes." A realidade atual está tão informatizada que tem surgido empresas e maneiras de realizar negócios que não haviam sido pensadas antes da evolução tecnológica e, como exemplo, pode-se citar a plataforma UBER, que é uma das maiores empresas de taxi universal, sem possuir um único automóvel de sua propriedade; ou como é o Facebook, uma rede virtual de mídia, a mais populosa, mas que não cria conteúdo algum, no entanto, coloca à disposição a sua plataforma onde milhares de conteúdos diários são gerados pelos próprios usuários, que dela se utilizam. Empresas varejistas como o Alibaba, uma das maiores do ramo, negocia sem ter mercadoria alguma e, para finalizar, a maior rede hoteleira, até então, Airbnb que, como as demais citadas, realiza suas finalidades sem possuir um único imóvel. São exemplos de negócios que se tornaram em realidades possíveis, somente pela existência das altas tecnologias, que geram inovações sofisticadas, proporcionando vivências jamais experimentadas pela humanidade. Parecem surpreendentes, no entanto, ainda são desoladoras, se pensarmos que não podemos chegar a outros planetas em naves habitadas pelo homem e, os planetas que a humanidade consegue explorar por meio desses instrumentos ou são inabitáveis ou ainda inalcançáveis, por meio do que se considera hoje, tecnologias sofisticadas. Por mais desenvolvidas que elas estejam, ainda são precárias, frente ao que está por vir.

As inovações tecnológicas são determinantes na modificação do meio ambiente e, se forem analisadas com critérios, sempre foram elas que estiveram presentes nas mudanças da humanidade, como foi o uso da pedra lascada, em forma de facas ou de machados, lanças e outras ferramentas mesmo, quando ainda eram tecnologias rudimentares, comparadas às existentes.

Independentemente do avanço delas em suas respectivas épocas, proporcionaram melhorias importantes.

Talvez, fossem consideradas tão avançadas, se contextualizadas em suas épocas, como hoje é considerada a informática e seus derivados, porém a velocidade como ocorreu a evolução em gerações passadas, foi muito mais lenta do que a que está acontecendo hoje, e, dessa constatação é possível cogitar, que a estrutura corporal e a mental da humanidade eram, supostamente, funcionalmente, distintas das de hoje. O fato de que a humanidade sempre inventou e que tais achados revertiam em provocações, alterações comportamentais, como em transformações das habilidades mentais é conhecida há muito tempo. Dá para constatar que, tanto a tecnologia era uma, naquela época, como o ser humano era outro e, provavelmente, foi pela interação da espécie humana com seus instrumentos, com as suas invenções, que provocou e provoca alterações tanto na sociedade, como na estrutura humana – orgânica e mental.

Ao fazer uso da linha do tempo, indo a um período tão longínquo, para destacar as mudanças ocorridas na humanidade e na sociedade, pode dar a entender que hoje não estejam ocorrendo tais mudanças estruturais, no entanto, elas acontecem. Assim como acontecem no sistema ecológico do planeta que, aos poucos se tornam perceptíveis e hoje podem ser verificadas e até, em alguns casos, serem medidas, fazendo o uso de tecnologias específicas. Constatando-se as mudanças ocorridas há que se conjecturar que elas continuem ocorrendo e mais do que isso, que elas acontecem não somente em ritmo ainda mais acelerado do que já sucederam, mas que gradualmente elas ganham impulsos e se aceleram conforme movidas pelas inovações tecnológicas, que por sua vez estão mais e mais sofisticadas e complexas. Supondo-se, que há uma certa relação – mesmo que neste estudo tal cogitação seja apenas intuitiva, pois não contém dados comprováveis - entre a aceleração das inovações tecnológicas e a aceleração com que tais mudanças são provocadas, no sujeito e na sociedade. É possível supor que elas estejam acontecendo de maneira mais rápida, mesmo assim em ritmo, praticamente imperceptível. Note que se está falando de alterações estruturais na psique e no corpo humanos. No entanto, estão acontecendo e não deixarão de advir, como é observável com o derretimento da neve nos polos do planeta, decorrente do aumento da temperatura planetária. É neste ponto que mais uma vez Kelly (2017) nos chama a atenção para as transformações, quando, parecendo surpreso questiona: como este momento da humanidade poderá ser entendido no futuro?

Daqui a milhares de anos, quando os historiadores analisarem o passado, esse nosso início de terceiro milênio será visto como um período incrível, segundo ele: o momento em que os habitantes deste planeta ligaram-se uns aos outros pela primeira vez, para formar uma grande unidade.

> ... Seres humanos começando a animar objetos inertes com minúsculos bits de perspicácia, entrelaçando-os numa nuvem de inteligências artificiais e associando bilhões de mentes humanas a essa incomensurável supramente. .... Entrelaçando nervos feitos de vidro, cobre e ondas de rádio, nossa espécie põe-se a conectar todas as regiões, todos os processos, todas as pessoas, todos os artefatos, todos os sensores, todos os fatores e noções para formar uma grandiosa rede de complexidade até então inimaginável (p.311).

Tais observações realizadas pelo referido autor são acrescidas pela ressalva, realizada por ele mesmo, expressando que as próximas gerações terão inveja da nossa, por termos vivenciado todo este espetáculo de bits interconectados, que nos fazem estar onde não estamos e por nos trazerem os que não estão presentes aos nossos sentidos.

Sim, tem sido um espetáculo original tudo o que está acontecendo na internet e na virtualidade, promovidas pelas inovações tecnológicas, que faz com que essa *megainvenção*, esse organismo, essa máquina seja capaz de agrupar "todas as máquinas já criadas, transformando-se em algo a permear nossa vida a tal ponto que se tornou essencial na composição da identidade humana" (p.311-12).

MOVIMENTO PSICOLÓGICO DECORRENTE

A maneira como o sujeito está envolvido com as inovações provoca questionamentos sobre a sua atual capacidade para lidar com elas e como ele se beneficia das qualidades delas, enquanto se transforma ao fazer uso delas. O envolvimento do sujeito com instrumentos sofisticados, viabiliza mudanças em seu comportamento. O comportamento, por sua vez, não é independente das funções psicológicas e nem das estimulações sociais. Tanto o comportamento como as estimulações sociais compõem a constituição psicológica do sujeito e, considerando que essas estejam imbricadas umas às outras e por estarem sendo modificadas em suas complexidades e no ritmo de seus movimentos adaptativos, provocando experiências à humanidade até então não experimentadas, elas podem estar provocando alterações na constituição psicológica. Qual a dimensão dessas transformações? Pensando em modificações no comportamento manifesto – valores, costumes entre outros – são mais sensíveis e, por isso essas alterações são mais fáceis de serem percebidas, diferentemente dos processos psicológicos estruturais, que por sua natureza funcional, são estudados por inferências exegéticas, que o comportamento pode revelar.

Em estudos antropológicos realizados por Vygotsky (1996), encontram-se algumas reflexões que contribuem com este entendimento, embora, até então, são apenas suposições, porém ele destaca em seus estudos, que algumas funções psicológicas foram transformadas com o passar do tempo.

Toma a memória para exemplificar, como ela pode estar sendo alterada, desde muito tempo, conforme os instrumentos (inovações tecnológicas) foram surgindo. Para explicar tal possibilidade, esse autor se refere ao surgimento dos primeiros métodos e equipamentos utilizados na lida de atividades do trabalho, em épocas remotas, portanto refere-se a instrumentos bem primitivos se comparados aos da atualidade. No referido estudo ele descreve a trajetória de possíveis mudanças ocorridas nas funções mentais, desencadeadas por ações, que foram se transformando no decorrer do tempo. Exemplifica a alteração da memória por meio da função do mensageiro da seguinte maneira.

Na época em que não havia a escrita o mensageiro portava mentalmente a mensagem. Ela tinha que ser memorizada pelo mensageiro, que como ofício do seu trabalho, tinha então que decorá-la, em seus conteúdos e em suas entonações, para quando fosse revelada ao receptor endereçado, pudesse ser transmitida em sua originalidade, sem distorções ou falhas. As funções mentais relacionadas à memória, segundo ele, eram utilizadas com maior intensidade antes de ter surgido a escrita e, supostamente, necessitavam da utilização de maior número de neurônios, para que fosse eficaz. Quando a escrita surgiu, para realizar a mesma tarefa, a mensagem passou a ocupar lugar em um pergaminho ou algo parecido, retirando a necessidade de que ela fosse memorizada, ou seja, retirando o seu conteúdo do funcionamento neuronal. O mensageiro poderia ser privado do conteúdo da missiva, pois como ela estava escrita, não havia a necessidade de ela ser conhecida, desde que fosse decifrada, estava assegurado o trabalho do mensageiro. Esta prática, gradualmente, não somente para a utilização de mensagens, mas para o registro de informações em geral, foi se ampliando, ao nível de hoje contarmos com a disponibilidade de sistemas informatizados, que armazenam uma enormidade de informações e cada vez menos pensadas pelas pessoas.

Hoje nos impressionamos com a possibilidade de sermos substituídos, em várias funções, por robôs. A quantidade de neurônios ocupada para a realização da memorização está sendo diminuída, considerando o conteúdo a ser armazenado. Se isso é saudável, bom ou insalubre, ainda não se pode avaliar, mas são transformações funcionais que estão acontecendo. Se essas transformações significam mudanças estruturais na constituição psicológica humana, também, pouco se conhece, mas são provocações sustentáveis. O que pode ser constatável é que a função psicológica da memória está sendo deslocada dos processos psicológicos e sendo depositada na tecnologia contemporânea. Inicialmente marcas em madeiras, pedrinhas, nós, cipós e pergaminhos já foram tecnologias de ponta. Contrastando a época em que não havia o registro escrito como a da atualidade, pode-se facilmente inferir que as funções mentais e fisiológicas envolvidas na memorização, como as utilizadas no exemplo, foram e estão sendo alteradas a partir da evolução das tecnologias.

Prospectar, que outras tantas funções mentais, ainda estejam em processo de alterações e outras mais que ainda nem existem, mas que terão de existir não é ficção. Considerando o fluxo da evolução, logo deverão surgir novas modalidades mentais, enquanto as existentes se transfiguram. As responsáveis por essas transformações, neste texto, embora redundante, estão sendo consideradas as inovações tecnológicas, desenvolvidas pela humanidade. Ao serem inseridas no contexto social amplo elas transformam esse contexto e, provocam constantes reações para adaptações. É notório que além da memória, aqui enfatizada, há uma série de outras funções – raciocínio, inteligência, simbolização e infinitas outras – tanto psicológicas, como hormonais, motoras e comportamentais, que constantemente, estão sendo estimuladas ou sendo afastadas das suas primeiras finalidades e sendo alocadas em instrumentos tecnológicos, cada vez mais inovadores, úteis e sedutores. Cálculos são realizados rapidamente há muito tempo, por meio de sofisticadas máquinas, antes mecânicas, depois eletrônicas, hoje digitais, que além de calcularem, utilizam a inteligência artificial (IA), mesmo que ainda em processo de desenvolvimento, estão cada vez mais acessíveis. Conviver com robôs, que até então parecia ser algo futurista tem se tornado cada vez mais admissível. Eles estão adentrando nos lares, nas instituições de trabalhos e nas mais diversas organizações e logo se tornam utensílios indispensáveis e pouco diferenciados da escova de dentes, se ainda existir.

Considerando a abordagem até aqui realizada sobre as influências das tecnologias inovadoras, torna-se fácil constatar que as repercussões constitutivas, amplas, embora aqui o foco de interesse seja na constituição psicológica do sujeito, decorrentes dessas máquinas, podem estar mesmo acontecendo. Tais alterações são cogitadas não somente na linha filogenética da estruturação humana, mas em dimensão ontogenética, nas dimensões psicológica constitucional. Evitando ser alarmista, ao contrário procurando ser realista, elas ocorrem de maneira irreversível, como as demais alterações que aconteceram, entranharam-se e são a própria espécie. Não é necessário mapear o funcionamento cerebral de uma pessoa que viveu na época pré-histórica, para constatar, que algumas habilidades mentais e psicológicas encontradas em uma delas, em outra não existe. Exige cautela e prudência para se fazer uma afirmação contundente sobre esta temática, porque é um campo permeado por muitas incertezas, porém, mais uma vez, pode-se enfatizar que é possível considerar que estejam acontecendo. Enfim tudo está e sempre esteve em transformação.

Na clínica psicológica alterações nos processamentos psicodinâmicos, provocadas pela qualidade dos instrumentos tecnológicos disponibilizados à humanidade, somados à velocidade com que tais instrumentos têm imprimido no afazer cotidiano, são constatáveis em forma de psicopatologias, como ansiedade, instabilidade do humor, despersonalizações, disformias corporais, estresses pós-traumáticos e outras. No entanto, como são manifestações promovidas também provocadas por outras fontes, não se pode afirmar que exista correlação entre elas, embora intuitivamente se possa constatar, existir uma possibilidade correlacional nesta direção. São notadas pelo conteúdo com que elas preenchem as demandas psicológicas. A certeza do momento é que a natureza desses maquinários, exigem novas formas humanas de adaptação e, consequentemente, exigem, também, o surgimento de novas funções psicológicas, para dar conta ao seu uso e o abandono de tantas outras que se tornaram obsoletas, pois deixaram de ser utilizadas. As máquinas desempenham essa função melhor do que a psique, como é o caso da memória.

O referencial psicanalítico também possibilita realizar uma tessitura explicativa, junto ao *vigostyano*, sobre o que, supostamente, esteja acontecendo na constituição psicológica do sujeito, a partir do intercâmbio, que ocorre entre a realidade objetiva inovadora e a realidade subjetiva nem tanto, porém, reagente a tudo isso. Conhece-se, a partir deste referencial, que o investimento pulsional nos objetos, iniciado a partir do nascimento é involuntário, porém intenso, e é um dos movimentos psicológicos interativos, que favorece o desenvolvimento mental, como também é fundamental para a constituição da subjetividade e, consequentemente, está presente na elaboração da identidade e da personalidade. O investimento pulsional se manifesta em forma de energia psicológica e, quando essa é depositada, deslocada para os objetos – outras pessoas – com os quais ocorrem alguns tipos de trocas interativas, resultam em formas de representações mental no sujeito. Os diferentes objetos com os quais ocorrem as interações, durante a vida, se alojam mutuamente representados na psique. Condensam-se uns aos outros, diferenciam-se, ao mesmo tempo, entre e si e geram matrizes comportamentais e de possibilidades de realizações de desejos, que em essência perpetuam-se pela vida toda. Esses resultados, por um lado, se organizam com intensidades semelhantes, entre as pessoas que interagem, ou, por outro, se organizam com intensidades desproporcionais, como também pode ocorrer unilateralmente, quando a significância acontece em somente uma das partes. Sucede quando alguém é significativo para outrem, mas este não nota a presença daquele. A memória, pensamentos, sentimentos e processos cognitivos em geral, são utilizados para realizar tanto a operação de deslocamento energético mental, tornando possível compreender o que acontece, como são utilizados para armazenar as impressões e conceber simbologias referentes a cada representação.

O entendimento sobre como a personalidade é constituída, embora aqui expressada de maneira simplificada, já é conhecido nas teorias da formação da psique, encontrados nos textos psicanalíticos e até mesmos nos piagetianos e em autores outros com os mais diversificados referenciais epistemológicos, quando explicam a estruturação de funcionalidades mentais.

A abordagem psicodinâmica contribui para melhor compreender os fenômenos que podem estar acontecendo na subjetividade das pessoas, que hoje experimentam na dinâmica de convivência planetária globalizada, onde quase tudo acontece de maneira inédita, tanto em lugares geograficamente distantes, como no lugar geográfico em que o sujeito está alocado. As experimentações são diferentes das de outras épocas e não é demais, mais uma vez, enfatizar que elas se diferenciam das antigas em suas complexidades, como na velocidade em que surgem e na forma como se tornaram indispensáveis à sobrevivência humana. Uma tecnologia surge e logo em seguida abrolha uma outra que descarta a anterior, tornando a primeira obsoleta, em uma brevidade de tempo cada vez menor. O período histórico com tais característica é único, pois, em épocas anteriores, a humanidade não teve a oportunidade de exercitar estes movimentos representativos, com tanta velocidade e com tanta complexidade, como os que tem sido impelida a interagir.

A constituição mental do sujeito para a psicanálise, explicando de maneira simples, apresenta-se em movimentos evolutivos, conforme o desenvolvimento e a maturação do organismo vai oportunizando, motivada pelas experiências que o sujeito estabelece com as ofertas de objetos em seu entorno e pela progressiva capacidade de representação, que vai ampliando. Como é conhecido, inicialmente, a mente processa as suas experiências inconscientemente e, gradualmente, vai gerando estruturas interfuncionais, enquanto organiza e diferencia as suas maneiras de interagir com a realidade objetiva e subjetiva, até surgir o que é denominado de consciência: "originalmente, com efeito, tudo era id; o ego desenvolveu-se a partir dele, através da influência contínua do mundo externo" (Freud, p. 188, 1955).

A organização e a capacidade de consciência e de entendimento do que é estar na vida e, mais especificamente, a compreensão sobre si e do seu entorno, surgem, decorrentes das estimulações externas e das reações subjetivas, durante as tentativas de compreender as repercussões delas, no interior da pessoa. Esses movimentos – sensações e compreensões – ocorrem em certa velocidade e intensidade, correspondentes com a quantidade, a qualidade das estimulações existentes e, consequentemente, das condições de reações, inerentes ao sujeito. É de supor que em um contexto menos estimulador – complexidade e velocidade menores –, em princípio, as reações mentais para processá-las devem ocorrer em menor número e em velocidade menos acelerada, independentemente das condições de reação do sujeito, pois entre uma estimulação e outra, não requer respostas tão imediatas, salvo em casos emergenciais.

Diferentemente ocorre, quando o sujeito está inserido em um meio em que a quantidade e a qualidade das intervenções são volumosas e complexas, constantes e progressivamente ampliadas, neste caso, tanto as estimulações, como as reações decorrentes para processá-las, tendem a aumentar em quantidade e em diferentes qualidades, assim como o tempo para a realização dos movimentos mentais decorrentes, entre uma e outra estimulação, se torna menor. Colocando o sujeito em estado de maior tensão, por exigir mais reações em menor tempo e por exigir o uso de habilidades mentais mais elevadas. Neste caso, pode-se inferir que a pressão que mobiliza o funcionamento mental é muito maior, exigindo um ritmo de respostas acelerado, para o sujeito perceber, processar e responder. Acontecendo dessa maneira é possível supor que os impactos dos estímulos na subjetividade, exigem diferentes respostas, uma após a outra, incessantemente e cotidianamente. Essas condições, sem fazer falso alarde, pois todos experimentamos essa condição, compõem o contexto social no qual os sujeitos se constituem na atualidade.

Fazendo um paralelo da realidade atual com aquela em que o referido mensageiro experimentava, torna-se mais apreciável a suposição de que hoje os sujeitos ainda se constituem por meio de processos mentais semelhantes aos utilizados por sujeitos do passado. No entanto, não é necessário retornar tanto ao passado para se constatar as representações históricas, quando comparadas com as gerações anteriores, na atualidade se mostram anacrônicas demais. Hoje se utiliza um número significativo de diferentes habilidades mentais que o mensageiro não as utilizava e que não tinha condições nem de imaginá-las, que um dia poderia as utilizar. Quando o sujeito se torna adulto, hoje, é necessário responder a demandas, que em uma geração ou em menor tempo, se diferenciaram tanto dos modelos precocemente assimilados, tornando a interação sujeito e sociedade muito mais díspares. O sujeito não encontra em sua constituição psicológica, referencial capaz de apoiar as suas decisões e comportamentos.

Todas as possibilidades de a constituição psicológica estar sendo formada de maneira diferente de como fora até então, por enquanto, não passam de suposições. No entanto, considerando que as inovações tecnológicas informatizadas, proporcionam que os processadores computacionais, quanto mais avançam, mais vão desocupando a capacidade humana de armazenamento de dados, pois essas máquinas estão sendo dotadas dessa capacidade.

Condição semelhante a que ocorreu com o mensageiro está acontecendo na atualidade. Como as máquinas cumprem funções, que antes eram humanas, áreas cerebrais estão sendo liberadas destas funções. Além disso outras instâncias cerebrais e psicológicas estão sendo instigadas, mais para realizar a função de acessar o conhecimento, do que para o seu armazenamento, como era necessário quando esses aparelhos não existiam. As máquinas rumam para dar condições de acesso às informações depositadas em nuvens em forma de bancos de dados informatizados de maneira que estimula o raciocínio de onde consultar essas informações, por meio de que instrumento e para quais propósitos, porém, o armazenamento das informações está deixando de ser uma necessidade humana. Construídas, com estas qualidades, as máquinas tornam a psique mais leve, favorecendo o processar da informação. É de se perguntar: o que pode estar ocorrendo com a funcionalidade mental? Essa está aprendendo muito mais a acessar as informações do que armazená-las. Para que armazenar o conteúdo das mensagens se é possível acessá-lo facilmente, quando há o interesse em conhecer um determinado conteúdo? Basta clicar ali, tocar acolá, para que a informação solicitada desfile em frente à percepção, resgatada de realidades virtuais. Para que memorizar e guardar tantas informações se elas estão alocadas em diversas modalidades virtuais, como Wikipédia, nuvens e outras tantas disponibilizadas ao toque em uma tela. Ao mesmo tempo em que este texto está sendo escrito, uma enormidade de inovações está sendo lançada no chão da sociedade, ao alcance de todos.

Quem não possui um celular em suas mãos? Os conhecimentos mais importantes e necessários, que estão em proeminência, são os que se referem sobre como manejar essas máquinas e o de ser capaz de acessar e de utilizar adequadamente o conhecimento, disponibilizados nas plataformas digitais. Portanto, menos necessário tem se tornado o armazenamento do conhecimento, pois, além de sobrecarregar o funcionamento das mentes, também sobrecarrega o funcionamento das próprias máquinas que o acessam. Basta ir à nuvem localizá-lo, acessá-lo, consultá-lo e aplicá-lo. Quando for necessário utilizá-lo novamente, percorre-se este mesmo processo.

Uma nova realidade de como lidar com o conhecimento, sem ser redundante na terminologia, está surgindo e implicando em outras configurações mentais, capazes de tornar mais eficaz e ágil a relação do sujeito com o conhecimento. Conhecimento não se refere somente aos conteúdos científicos, mas a todo e qualquer conteúdo, como a própria história de cada pessoa. Pode-se conjecturar que além dos modelos de acesso e de armazenamento do conhecimento, que estão sendo transformados, também a qualidade do conhecimento pode estar sendo alterada, considerando a sua relevância às melhorias sociais, decorrentes deles. Qual conhecimento que interessa à humanidade? Esses são alguns exemplos de que a realidade externa está transfigurada e que estando ela transfigurada e sendo mudada a todo instante, pode estar realizando modificações na constituição mental, pois ela se organiza, desde épocas precoces, a partir da interação do sujeito com os objetos em seu entorno. Como seria a vida se o conhecimento passado fosse substituído pelo conhecimento a ser descoberto a todo instante?

PÊNDULO DO CONHECIMENTO

A tendência, parece ser, considerando a perspectiva abordada, de que as novas gerações viverão sem referências atualizadas para lhes dar suporte na elaboração dos seus projetos futuros de vida e, as gerações atuais, que estão vivendo a fase da maturidade e da velhice, experimentam conflito entre abandonar os referenciais que as nortearam até esta etapa de desenvolvimento ou de se apegarem a eles, mesmo que as levem ao caos, por medo ou pelas reais dificuldades envolvidas neste processo de mudanças sociais. Talvez, a necessidade de preservação faça com que se apeguem ao que já conhecem, mesmo constatando que seus conhecimentos não mais lhes oferecem recursos, para interagir com importantes demandas da realidade social atual e desconsiderando os riscos de que estão a mais ameaças permanecendo como estão, do que se propondo a mudanças, capazes de os levarem a novos entendimentos da realidade e assim terem mais oportunidades de sobrevivência social.

Já os jovens, apropriados das inovações tecnológicas, parecem viver fascinados em um mundo pragmático, oferecido pelos alcances da informatização, que os levam a compreensões que os seus pais, os maduros e referenciais do passado, desconhecem e quiçá, nunca compreenderão.

O esboço de mundo, disponibilizado na cultura de uma geração para outra, em épocas passadas, era um modelo quase preciso a ser seguido a cada nova geração, pois quando era alterado, as mudanças continham poucas complementações e fáceis de serem entendidas e aceitas, portanto, a reação frente a elas, quando não era de tédio, era de satisfação, na maioria das vezes.

Hoje, o referencial de mundo, baseado no passado está deixando de existir. Tudo parece ser novidade. Não quer dizer, que nas gerações passadas, não houvesse o discernimento, de que mudanças e adaptações eram necessárias. Elas aconteciam durante o caminhar de uma para outra, no entanto, muito do que uma geração deixava para outra, mesmo com o entendimento de que as sociedades e as culturas são mutantes, de maneira geral, era aproveitável, assim como boa parte ainda são, porém cada vez são menos utilizadas. O ritmo e a complexidade das mudanças eram menos intensos. A constatação de que as experiências dos antepassados seriam úteis, toavam como azimutes, para as futuras gerações realizarem as suas escolhas, pois o rumo a ser seguido pela sociedade, para dar continuidade ao que a ciência estava prevendo e provendo, sobre o que era considerado o melhor para a existência humana, mesmo que em parte fosse questionável, era previsível e tudo era experimentado com mais tempo de ser processado. As experiências pareciam ser mais seguras e assimiláveis, muito mais do que é na atualidade.

A experiência atual de assistir o desfazimento de muitas profissões e estilos de vida, que mesmo durante o percurso escolar, que antes era vivido pelo estudante, com expectativa, enquanto atingia os níveis educacionais que o aproximavam da profissão almejada, hoje surpreendem adultos e jovens que veem, literalmente, profissões desaparecem e tantas outras surgirem, que os colocam numa perspectiva futura sem destino previsível, se os seus olhares forem referenciados no conhecimento do passado. Estão se tornando pessoas indecisas frente às possíveis escolhas a fazer. Por um lado, os modelos que portam em suas constituições psicológicas estão permeados em referenciais que não os auxiliam a compreender as mudanças que estão acontecendo e por outro, quando escutam os adultos, nas orientações que estão realizando, percebem que nem eles, muitas vezes pais e professores, versam sobre o mundo que eles, jovens, vivenciam em seus cotidianos. Os adultos, até então referências às crianças e aos jovens sobre a vida, mostram-se desabilitados, muitos considerados analfabetos digitais, esforçando-se para aprender com eles – os jovens – como lidar com aparelhos simples como um *laptop* ou as funções mais avançadas de um celular. Para muitos adultos, o mundo virtual ainda não passa de uma ficção quase inalcançável, quando, em casos mais extremos, considerado uma ameaça capaz de acabar com o mundo.

No entanto, a questão é: como a humanidade sobreviveria sem os recursos digitais?

Associado à evolução digital há um mundo presencial em que as tensões e incompreensões se ampliam vertiginosamente, tornando prováveis imprevisibilidades factíveis, como é a de destruição do planeta, motivada por interesses ideológicos e de interesses econômicos, associados ao descaso com a sustentabilidade. Pode-se ainda salientar os modelos de sistemas de governo, que cada vez mais se distanciam em suas práticas, dos interesses da população. Como Freud caracterizaria o nosso mal-estar na civilização? É provável, que o mal-estar atual na cultura esteja associado com a ambiguidade relacional entre os humanos. Talvez, seja a sensação de que a humanidade ainda repete sistemas de governos baseados nas maneiras arcaicas de convívio social. Responsável pelo vácuo entre o que a população demanda e o que o governo propõe a ela. Na incerteza, decorrente da ambiguidade comunicacional, a população acaba raciocinando sob os argumentos das falas predominantes. E, além do mais, poucas pessoas se dão conta de que fazem isso. Os que se sucumbem a esta alternativa demonstram baixos níveis de exigências e poucas habilidades mentais. Contentam-se apenas com a água e a energia elétrica, pelas quais pagam caro, disponibilizados nos canos e nos condutores de suas residências. Na atualidade essa infraestrutura é mínima. Essa é a distância existente entre o que é possível e o que é disponibilizado, causadora do referido vazio. Há pouca consciência do que reivindicar. Como se o que a população recebe do governo, embora todos desejam mais, por subserviência é considerado o suficiente. No entanto, classes economicamente mais favorecidas desfrutam de outras benesses e condições de vida, e não experimentam este vazio de maneira tão intensa e nem tão ampla.

O panorama gerado pela evolução digital, associado aos interesses econômicos, pelo menos até aonde o conhecimento humano alcança é fascinante e espantoso ao mesmo tempo. Gera estranhamentos, medos, curiosidades e incertezas futuras. O conhecimento passado, considerado aqui como deixando de conter conceitos que referenciem respostas para o que ainda não se conhece, pouco responde aos impasses presentes da humanidade e muito menos em relação aos que irão se apresentar. Supostamente, sob este viés, os desafios que estão se apresentando os que se apresentarão no futuro, assim como os que ainda não foram respondidos e nem são conhecidos, comporão os parâmetros que nortearão os empenhos científicos.

A tendência é a de que olhar para esses desafios com estas pretensões e cada vez menos para a bagagem histórica e antropológica, torna a vida inquietante e esquisita. Constatar, que a influência do conhecimento passado progressiva e rapidamente deixará de se fazer necessária é uma apreensão. Levanta preocupações sobre as condições da nossa espécie. Deixaremos de ser os humanos que somos, por viver esta condição de vida? Como será a nossa espécie, desenvolvendo habilidades até então desconhecidas? Quais possíveis habilidades se está considerando? O que está para ser descoberto e no que nos transformaremos?

Todas as mudanças que a humanidade experimenta, talvez com exceção das religiosas, e mesmo assim também nelas são notadas, são tentativas de atualizações do sujeito a uma sociedade mutante e mudada. Mudada porque se os costumes e os valores de uma sociedade, quando comparada com esses mesmos itens, constata-se que estão diferentes. As constantes atualizações que o sujeito realiza frente a ele mesmo, geralmente motivadas pela realidade que o circunda na atualidade estão indicando que o sentido do pêndulo do conhecimento, olhar para o passado para desvendar o futuro, na busca da evolução do conhecimento, está se tornando alterado, quiçá invertido. A provável inversão do movimento pendular, durante a busca de referenciais, está tendo a preferência a embasar as investigações, nas expectativas ou possibilidades futuras, como se está tentado entender, mesmo que os fundamentos para assegurar os seus resultados finais, ainda sejam desconhecidos. Isto está acontecendo, não por opção, mas por esgotamento do conhecimento adquirido, até então. Há de se considerar, no entanto, que não há como ter noção do que nos tornaremos, enquanto espécie, nem mesmo do sentido da nossa existência, descartando o conhecimento adquirido até então, mesmo que se chegue a um nível de desenvolvimento, em que, de fato, o conhecimento passado, possa ser rejeitado, assim como foi o conhecimento baseado geocentrismo, por exemplo.

O conhecimento adquirido, faz parte da nossa história e pode se tornar somente isso. Uma lembrança antropológica. A mudança de referencial pendular, gera expetativas totalmente diferentes do que se viveu até o momento, pois a humanidade passa a trilhar em terreno desconhecido, agindo como os aventureiros, quando desbravaram as matas dos novos mundos, rumando em campos incertos, inseguros frente ao que iriam se deparar, explorando em busca de novas descobertas, sem rumos precisos, embora levados pela fascinação e a motivação de encontrar o que nunca fora antes visto pela espécie humana. O que impulsionava essa procura eram as expetativas do que os descobridores tinham pela frente, incluindo as econômicas, que os levavam a realizar as suas façanhas exploratórias, realizadas pelas culturas e povos do velho mundo. As novas descobertas estruturam os valores e comportamentos de uma época, que em contraste com a atual, se tornaram grotescos, mas já foram vanguardas. Aqueles costumes, em sua maioria, não cabem mais em nossa sociedade. A ignorância, os misticismos com as suas pseudo explicações sobre os fenômenos naturais e todo um complexo conjunto de conhecimentos, se tornaram inúteis. Enfim, a composição daquela sociedade não é mais compatível com a de hoje, embora fundamental para a de hoje existir.

Os desassistidos, os que vivem com o mínimo de acesso ao que existe, mesmo esses, somente com energia elétrica e água encanada em suas residências, vivem melhor do que aqueles que existiram na época das descobertas do novo mundo, no que se refere à infraestrutura básica. No entanto, quanto à necessidade de cuidados e no que se refere à utilização de utensílios da vida diária, talvez, não se diferenciem tanto.

Em filmes de ficção os dominantes vivem em estruturas modernas e sofisticadas, enquanto o herói da história, geralmente injustiçado junto com a maioria da população luta contra injustiças sociais, assim como os demais habitantes da suposta película, vivem em construções precárias, embora, algumas com qualidade instrumental invejável.

Com a possibilidade de acesso ao conhecimento universal em tempo real, por meio de instrumentos digitais, da internet, da realidade virtual e da inteligência artificial (IA) e, principalmente, pelo surgimento de desafios que não encontram embasamento científico no passado, para serem melhor compreendidos ou para serem superados, a importância do referencial que busca no passado referenciais para se orientar, pode estar se tornando menos assertiva. O conhecimento adquirido até a atual etapa do desenvolvimento humano, ainda é de muita importância e não está sendo afirmando que ele deva ser abandonado, porém sendo indagado se ele não está esgaçando-se, tornando-se menos preciso, de maneira que a relevância à sua consulta esteja perdendo a importância, assim não se utiliza a pedra lascada como instrumento de corte, embora ela continue sendo um instrumento cortante.

Todas essas explicações têm como objetivo considerar a qualidade dos referenciais do passado. O quanto eles ainda norteiam as decisões presentes e prever resultados possíveis, como até então é realizado. Será que em um futuro próximo, pela complexidade e pela imprevisibilidade com que os desafios da sociedade e os científicos, os necessários para a sobrevivência da espécie humana, principalmente, num espectro global e existencial, ainda podem ser encontrados no conhecimento passado. Crer na desconsideração do conhecimento universal até hoje construído soa absurdo. E, de certa forma é um absurdo, no entanto, parece ser uma realidade constatável e quiçá, em pouco tempo, se torne evidente.

Muitas coisas incríveis e impossíveis de se ter acesso ou de fazer uso no passado, hoje fazem parte da vida cotidiana e são quase indispensáveis à sobrevivência. O que os acessos a estas tecnologias estão repercutindo na construção subjetiva, considerando os subsídios metais utilizados na interpretação da realidade. O conjunto de representações que comporão a subjetividade, torna impossível a previsão da forma como as pessoas pensarão. O que será crível? O que será possível realizar? Quais as revelações científicas estão por vir? Todas essas possibilidades são inéditas e com resultados inesperados. Na atualidade, portanto, a tendência para voltar os olhares às perspectivas futuras, que são os desafios ainda indecifráveis no presente e que requerem o auxílio de todo o conhecimento existente e o que ainda está por vir, para construir respostas visando superá-los, vem galgando espaço. Estamos rumando para uma nova era de verdade. A questão não é o quanto se olha para trás em busca de apoio científico, para responder as demandas presentes, mas sim a falta de respostas válidas existentes naquele lugar.

A guinada do balanço do conhecimento, voltando o olhar para o futuro, significa que os desafios a serem enfrentados, são aqueles percebidos como algo que está por vir e, que as respostas, para eles, se existem alguma, estão no desconhecido. Absurdo isso. No entanto, no passado, como dito, não existem respostas para eles. As respostas para os desafios presentes estão no futuro. Portanto, as respostas, quando viáveis, encontram-se no futuro. Isso é angustiante, pois a resposta que se procura não pode ser encontrada, no arsenal armazenado, nem os seus fundamentos.

Situações diversas servem para exemplificar esse raciocínio, como as que se referem às maneiras sobre como a humanidade habitará novos planetas. Até hoje não foram desenvolvidas tecnologias para a realização de tal façanha, embora muitas alternativas e conjecturas estejam em testes, mas todas ainda não responderam como superar as hostilidades do espaço sideral. Como atingir velocidades além a da luz, o que poderia ser uma das alternativas para explorar o universo. Como ir além da inteligência artificial (IA)? Quais os alcances que a realidade virtual irá possibilitar à humanidade? Quais são as transformações psicológicas necessárias para se lidar com o pêndulo do conhecimento invertido? Como as novas gerações serão psicologicamente constituídas? As pessoas no futuro, porém desde o presente, quando enfrentarem desafios que ainda não se imagina, podem ser comparadas com a humanidade primitiva, quando não cogitavam a existência de instrumentos digitais. Dessa forma se pode mensurar a distância mental entre aqueles que se adaptam e que acompanham as evoluções e os que vivem, como se as novidades, ainda estão por vir. É surpreendente dar-se conta destas possibilidades e das que ainda não foram pensadas. Refletir sobre elas dá vontade de não mais ir embora desta vida à espera de conhecer o que ainda está para ser desenvolvido e disponibilizado à sociedade. Parece que se vislumbra uma forma de existência, que ainda não cabe nas referenciais mentais que a espécie humana se costuma fazer uso para orientar o seu conhecimento.

Os referenciais que orientam a geração atual do conhecimento são inéditos, muitos deles ainda desconhecidos e quiçá, sejam estes, os referencias de hoje, que quando alterados para proporcionar a adaptabilidade a esta suposta realidade futura, venham compor a constituição psicológica da espécie humana futura. Uma nova constituição psicológica deve incluir, supõe-se, a possibilidade de enxergar fenômenos, que na atualidade são impedidos pelos referencias utilizados. Importantes, porém, incapazes de alcançar os desafios atuais. É conhecido que os paradigmas iluminam o conhecimento descoberto, mas podem impedir os novos. Como será constituição da psique da humanidade, quando estiver voltada para se orientar sob as perspectivas futuras? Quando não estiver mais interessada no conhecimento passado, pois, este nada mais será do que uma arquitetura conceitual histórica, digna de ser admirada em museus, mas um perigo se colocada em prática?

Será que daria para comparar a alteração mental considerada com a profundidade com a que ocorreu a transformou a postural? Quando a humanidade abandonou a postura quadrúpede e adotou a bípede? A mente demorará tanto tempo para ser transformada? Trata-se de amoldamento movido por *insights* compostos por substâncias não são físicas. Será que se a composição dos reagentes mentais existentes nos processos cognitivos, intelectuais, emocionais e outros, fossem constituídos de maneira diferentes dos existentes na composição atual da mente, ela se tornaria capaz de compreender dimensões outras, que pela forma atual como a está estruturada, não consegue nem as acessar. Necessariamente, não teria que se transformar em um outro órgão, mas por se tratar de ser o único órgão impalpável, porém é o que nos propicia perceber quem somos e que nos torna capaz de conhecer e de alterar a realidade, seja para que ela seja melhor compreendida a para que possa tornar a existência melhor para os humanos.

Por falta de uma compreensão mais abrangente e fundamentada, pode-se dizer que o que está sendo vislumbrado, pode ser entendido como outra forma da humanidade se mover na existência, aproximadamente comparável com a situação de alguém que perde a visão – no sentido literal de enxergar – e tem que encontrar outras maneiras para se orientar no espaço e para se locomover, sem mais contar com o sentido da visão, que lhe era útil em sua funcionalidade e com a qual estava acostumada e não se imaginava poder sobreviver sem ela. Da forma oposta, as pessoas cegas, que por meio de cirurgias recuperam a visão, não conseguem interpretar o que veem mesmo enxergando a visão se torna tão cega, quanto era a cegueira, até que a pessoa aprenda a compreender a fazer uso das imagens, para poder utilizá-las. Não se trata, portanto, de apenas mudar a composição paradigmática, mas sim de aprender a lidar com habilidades mentais hoje desconhecidas. Os primitivos, por mais que pudessem experimentar a civilização atual, é supostamente certo que não conseguiriam desfrutar dela. Existem coisas que dificilmente compreenderiam e até as que não conseguiriam compreender, mesmo que assim pretendessem.

Substituir a orientação do passado, onde sempre foi o lugar da densidade da sabedoria humana, por incertezas fornecidas por perspectivas futuras, refere-se a uma grande alteração no processo de constituição da subjetividade humana. Aonde vai parar o édipo, por exemplo, se hoje ele está alojado no passado? Como se estruturarão os conflitos se esta instância deixar de ser significativa para a estruturação da mental? Isso tudo, quase alude para a geração de uma nova espécie de humanidade, porém, talvez, movido pelo apego à constituição mental existente, essas cogitações perpassam ao nível de delírios. Sobre isso Kelly (2017), se refere com muita sabedoria e espiritualidade, como sendo um começar, tais alterações mentais, não um recomeçar a existir, mas o recomeçar a construção de "uma nova mente, para uma antiga espécie" (p, 312).

DESDOBRAMENTOS

Tem se tornado um desafio motivador compreender como o sujeito evolui no contexto atual, mais especificamente como está acontecendo a constituição psicológica da humanidade sob às influencias das inovações tecnológicas. Qual o sentido que a humanidade dá a si e à sociedade, no contexto contemporâneo? A curiosidade em acompanhar o desfecho das realidades que se apresentam, como a possibilidade de integração entre a virtualidade com a realidade objetiva e da possibilidade de conhecer o que advirá disso e além disso, implica em investigações no sentido de desenvolver metodologias mais avançadas para serem utilizadas nas investigações psicológicas e nos processos psicoterapêuticos.

A possibilidade de se envolver com esses desdobramentos, pode ser assustadora para algumas pessoas, embora em outras desperte o desejo de ampliar a compreensão sobre até aonde poderá acompanhar o desenvolvimento da ciência e da capacidade humana para gerenciar a sua evolução. Essas pessoas anseiam por uma longevidade mais ampla, para poder acompanhar e conhecer os desfechos desta história do mundo digital e do que ainda poderá advir desta trama real da ciência com o futuro da humanidade. Alguns preveem que os humanos habitarão novos planetas, assim como o mundo velho invadiu as novas terras do continente americano, africano, australiano e outras mais. Outros preveem que antes disso acontecer, a humanidade ainda habitará o subterrâneo do planeta terra e, quem sabe conseguindo dominar este espaço, em longa escala, poderá servir de protótipo, para viver no subterrâneo de planetas, hoje considerados hostis, para a sobrevivência da espécie humana, em suas superfícies. E, considerando a desproporcionalidade delegada às diferentes classes sociais, como serão realizadas as escolhas entre as pessoas que terão o direito a se deslocar para outros planetas, caso isso se torne viável?

As suposições de esgotamento do conhecimento, focam o olhar no futuro e desfaz-se, em grande parte, dos conhecimentos do passado, por serem inapropriados de dar suporte a investidas em novos saberes. Há planetas que para serem alcançados pelo homem, a velocidade da luz é imprópria, por exemplo. Como os conhecimentos que deverão responder a demandas como essas farão parte da subjetividade do sujeito e de que forma ele o está adquirindo, conforme convive com tais contingências? A questão que se indaga não se limita se o sujeito está sendo atingindo e sendo transformado, pois isso é inevitável, mas sim em que culminará a sua transformação, tanto quanto fora no período em que a humanidade se tornara bípede. Quanto tempo levou este processo e quais faram as suas transformações mentais? Não foi neste período que suspostamente, conforme se encontra na teoria psicanalítica que a humanidade desenvolveu a vergonha, ao expor seus órgãos genitais? A vergonha não fazia parte dos seus conteúdos mentais. Ela surgiu, como é possível que surjam, com as diferentes configurações mentais cogitadas, a percepção de fenômenos que estejam em volta e que não são perceptíveis.

Deve haver muita riqueza impedida a ser percebida, mas que os parâmetros atuais da configuração mental impedem de serem constatadas. Os impedimentos são comparáveis aos motivos subjacentes às sintomatologias, que quando percebidos, reestruturam a configuração mental, de maneira que a sintomatologia tende a desfazer-se. No caso existia algo que não era percebido, mas que pela intervenção externa, geralmente de um psicoterapeuta, a reacomodação das forças mentais proporciona a emersão do conteúdo não percebidos, ou seja, recalcados. De maneira semelhante, pode ser que aconteça, quando é considerada uma nova configuração mental. Que a partir desta, a *mente se abra*, tornando-se capaz de lidar com fenômenos e conceitos, antes imperceptíveis e não processáveis.

Referindo-se à psicologia enquanto ciência, cabe questionar: como os cursos acadêmicos de formação nesta área estão investigando o sujeito contemporâneo e se preparando para acolher aquele que está por vir, como acolhendo os que estão em processo de transformação? Quais os novos referenciais psicoterapêuticos que estão surgindo a partir da perspectiva de um sujeito transformando-se em sua epistemologia social e psicológica?

Quais serão as diretrizes futuras necessárias, para a formação do psicólogo? Será que as metodologias atuais respondem às angústias do sujeito maduro, aflito e atravessado pelas inovações tecnológicas, que necessita aprender a lidar com uma sociedade e subjetividade transfiguradas, para sobreviver? Uma nova realidade o atropela ao meio da sua existência, considerando a geração dos adultos. Fato que ainda não havia ocorrido na história da humanidade. Será que os atuais referenciais formadores desses profissionais ainda respondem as suas demandas, considerando que além do que foi abordado neste livro, ainda há o desafio da integração do sujeito como as máquinas?

Máquinas cada vez mais ágeis, inteligentes e precisas, que estão substituindo rapidamente as pessoas no trabalho. Elas estão desempregando as pessoas ou exigindo novas estruturas ao trabalho, para as inserir nas atividades desumanas que ainda são realizadas pelos humanos. Tudo que parecia ser ficção está se tornando em possibilidades reais e, cada vez mais, as antigas ficções são realidades palpáveis. E, para concluir, será que estamos prestes a experimentar e a suportar, mais um golpe narcísico infligido ao homem, que é aceitar uma nova mente para uma antiga espécie?

REFERÊNCIAS

BAUMAN, Zygmunt. Modernidade líquida. Rio de Janeiro: ed. Zahar, RJ, 2001

BROWN, M. (2008). 'Chartres comme l'exemplaire féodal: une interprétation de la collection des épîtres et des poèmes de fulbert de chartres comme traité sur la fidélité, la loi et la gouvernance'. Rouche, M.; Fulbert, C.; Précurseur de l'europe médiévale. Paris: presses de l'université paris-sorbonne, 231-242.

Kelly, Keven. Inevitável: as 12 forças tecnológicas que mudarão nosso mundo. São Paulo: HSM, 2017.

Freud, Sigmund. Esboço de psicanálise: qualidades psíquicas. Rio de Janeiro: Imago, 1975.

Vygotsky, Lev. S. Estudos sobre a história do comportamento: o macaco, o primitivo e a criança. Porto Alegre: Artes Médicas, 1996.

www.ingramcontent.com/pod-product-compliance
Lightning Source LLC
Chambersburg PA
CBHW051137250726
48655CB00007B/3106